D1074234

Quiero ser
PILOTO DE CARRERAS

Katie Franks

Editorial Buenas Letras

New York

Traducción al español: Eduardo Alamán

To John, who lives life in the fast lane

Published in 2010 by The Rosen Publishing Group, Inc.
29 East 21st Street, New York, NY 10010

First Edition

Editor: Jennifer Way
Book Design: Ginny Chu
Book Layout: Kate Laczynski
Photo Researchers: Sam Cha and Julia Wong

Photo Credits: All Photos © Getty Images.

Library of Congress Cataloging-in-Publication Data

Franks, Katie.
  [I want to be a race car driver. Spanish]
  Quiero ser piloto de carreras / Katie Franks ; traducción al español, Eduardo Alamán.
     p. cm. – (Trabajos de ensueño)
  Includes index.
  ISBN 978-1-4042-8157-8 (library binding) – ISBN 978-1-4358-8603-2 (pbk.) – ISBN 978-1-4358-8604-9 (6-pack)
  1. Stock car racing–Juvenile literature. 2. Stock cars (Automobiles)–Juvenile literature. 3. Automobile racing drivers–Juvenile literature. I. Title.
  GV1029.9.S74.F7318 2010
  796.72–dc22

                              2009014848

Manufactured in the United States of America

Contenido

4

Pilotos de carrera

En los Estados Unidos las carreras de autos se han convertido en un deporte muy **popular**. Muchas personas ven carreras de NASCAR, como las 500 millas de Daytona. ¿Te gustan las carreras de autos? ¿Tienes un piloto **favorito**? Quizás tienes curiosidad de saber lo que hay dentro de los autos de carrera. Este libro te dirá cómo viven los pilotos de carrera, dentro y fuera de la pista.

Jamie McMurray es un piloto con mucho futuro en el mundo de las carreras.

Los automóviles *stock*, o *stock cars*, son
fabricados por compañías de los Estados
Unidos. Este es un auto marca Dodge.

6

Automóviles *stock*

NASCAR es una categoría de autos muy popular. NASCAR son las iniciales en inglés de la Asociación Nacional de Carreras de Automóviles de Serie. Los automóviles en serie, o *stock cars*, se construyen como los autos que ves en la calle todos los días.

Los primeros *stock cars* se fabricaron con partes de autos disponibles en cualquier tienda de automóviles. Actualmente, se fabrican con partes especiales que les ayudan a correr más rápido y con mayor seguridad que los automóviles normales.

Esta es la carrera de las 500 millas de Daytona en 2006. Las 500 millas de Daytona forman parte de la serie Copa NEXTEL.

Tipos de carreras

En NASCAR hay dos **series**, la Copa NEXTEL y la Serie Busch. Con frecuencia los pilotos comienzan compitiendo en la Serie Busch. Cuando los pilotos han demostrado su habilidad en la Serie Busch, entonces avanzan a la Copa NEXTEL. La Copa NEXTEL es la serie más importante de NASCAR. Los pilotos obtienen un número de puntos dependiendo de la posición en la finalicen la carrera. Estos puntos le dan a los pilotos su **clasificación** en NASCAR.

Durante una carrera de 500 millas (805 km), los autos se detienen en los *pits* para cargar gasolina. ¡A veces, los autos cambian de piloto en los *pits*!

Parada en los *pits*

Las carreras de autos son un trabajo de
equipo. Durante una carrera el piloto se detiene
en los *pits*. Los *pits*, o fosos, es el lugar en el que
los autos cambian las llantas y se abastecen
de gasolina.

Cuando el auto hace una parada en los *pits*,
los mecánicos apresuran su trabajo para que el
auto pueda regresar a la pista cuanto antes. Los
mecánicos pueden cambiar llantas y abastecer
el auto de gasolina muy rápido. Estos cambios
pueden ayudar al piloto a ganar la carrera.

Dentro de un auto de carrera

Un piloto de carrera debe **resistir** las difíciles **condiciones** durante la carrera. ¡Dentro del auto, puede haber una temperatura de más de 100° F (38° C)! Además, el piloto debe **concentrarse** durante varias horas mientras maneja su auto a casi 200 millas por hora (322 km/h). Los pilotos que están en buena forma puede prevenir mejor los peligros de la carrera.

Un piloto de carrera debe estar muy atento a todo lo que sucede para no accidentarse.

Este piloto se alista para ponerse su casco.

Seguridad

En las carreras de autos, la seguridad del piloto es la diferencia entre la vida y la muerte. En caso de un choque a alta velocidad, los autos pueden destrozarse o incendiarse.

Hay varias maneras de que el piloto se mantenga seguro. El asiento en un *stock car* está fabricado para **proteger** al piloto. Además, los cinturones de seguridad son más fuertes que los de un automóvil normal. Los pilotos están obligados a usar casco y ropa especial que es resistente al fuego.

Este piloto, Greg Biffle, firma autógrafos durante una sesión de práctica.

Los aficionados

Los pilotos de carrera saludan a sus seguidores fuera de la pista. En ocasiones, los fanáticos pueden conocer a su piloto favorito después de una carrera o en **eventos** especiales. Los aficionados le piden al piloto su **autógrafo**. Para los pilotos puede ser divertido conocer a sus seguidores porque así ven lo mucho que los aficionados disfrutan el deporte que quieren tanto.

Obras de caridad

Muchos pilotos disfrutan haciendo obras de **caridad** en su tiempo libre. Cuando las personas famosas usan su nombre y dinero en una obra de caridad atraen mucha atención. Esto puede atraer más dinero para ayudar a la caridad. Además los pilotos se sienten bien ayudando a otras personas.

El piloto de NASCAR, Kasey Kahne (derecha) hace obras de caridad para muchas escuelas.

Jimmie Johnson ganó las 500 millas de Daytona en 2006.

Las 500 millas de Daytona

Las 500 millas de Daytona es una carrera de 500 millas (805 km) que se realiza cada año en Daytona, Florida. Es la carrera de NASCAR más importante del año. Mucha gente alrededor del mundo ve esta carrera por televisión.

Sólo los pilotos más famosos de NASCAR compiten en las 500 millas de Daytona y con frecuencia son los ganadores. Muchos pilotos muy populares como Jimmie Johnson, Jeff Gordon y Michael Waltrip han ganado esta carrera en los últimos años.

El Salón de la Fama de NASCAR

En 2006, se eligió Charlotte, Carolina del Norte, como la ciudad para el Salón de la Fama de NASCAR. La primera carrera de la historia de NASCAR se realizó en Charlotte.

El Salón de la Fama será un **museo** que muestre objetos de la historia de las carreras de *stock cars*. Además honrará a las leyendas de NASCAR. Cuando el Salón de la Fama abra sus puertas en 2010, los fanáticos y los pilotos podrán sentirse orgullosos de tener un lugar tan especial para este deporte.

Glosario

autógrafo (el) El nombre de una persona famosa, firmado por la propia persona.

caridad (la) Ayuda que se le da a una persona o grupo.

clasificación (la) Medida que indica cómo le va a un deportista en su deporte.

concentrarse Dirigir la atención a una cosa en particular.

condiciones (las) La manera, o estado, en que se encuentran las personas u objetos.

eventos (los) Cosas que suceden, con frecuencia planeadas con anticipación.

favorito, o (el/la) Ser el más querido.

leyendas (las) Personas que han sido famosas por mucho tiempo.

museo (el) Un lugar en que se muestran y conservan piezas históricas e importante para ser estudiadas.

popular Que le gusta a muchas personas.

proteger Mantener seguro.

resistir Ser fuerte.

serie (la) Un grupo de cosas o eventos similares.

Índice

Sitios en Internet

Debido a las constantes modificaciones en los sitios de Internet, Editorial Buenas Letras ha desarrollado un listado de sitios Web relacionados con el tema de este libro. Este sitio se actualiza con regularidad. Por favor, usa este enlace para acceder a la lista: www.powerkidslinks.com/djobs/racecar/